Hammarskjöld fragment

Dag Hammarskjöld

Andante non troppo (♩=c. 72)　　　　　　　　EINOJUHANI RAUTAVAARA (1975)

4

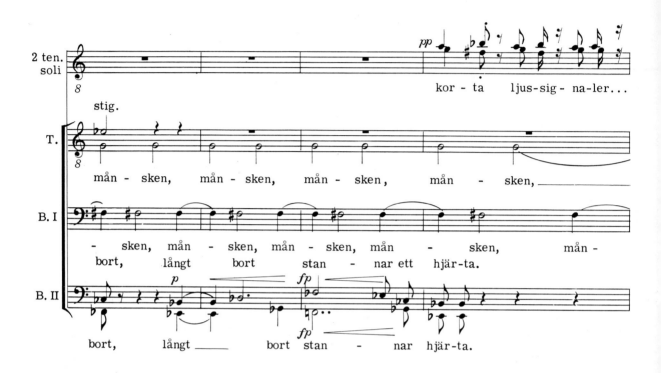

2 ten.
soli

kor - ta   ljus-sig - na-ler...

T.

stig.

mån - sken,   mån - sken,   mån - sken,   mån - sken,____

B. I

- sken,   mån - sken,   mån - sken,   mån - sken,   mån -
bort,   långt   bort   stan - nar ett hjär-ta.

B. II

bort,   långt____ bort stan - nar hjär-ta.

En bal-kong   i sko-gen: tu-sen stråk- drag,tu-sen, tu - sen stråk -

- sken. Bal- kong i   sko - gen: tu - sen,   tu - sen stråk- drag.____

En bal-kong   i sko-gen: tu-sen stråk- drag,tu-sen, tu - sen stråk - -

6

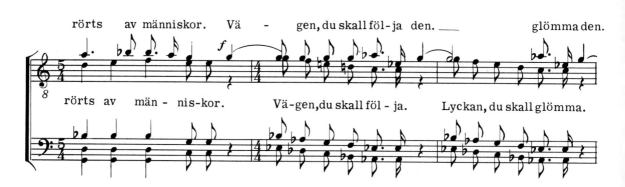

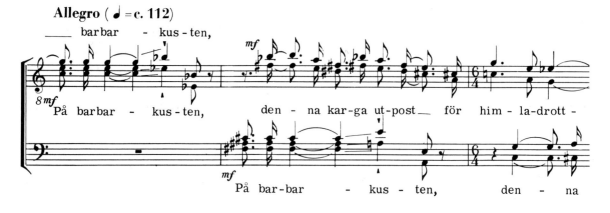

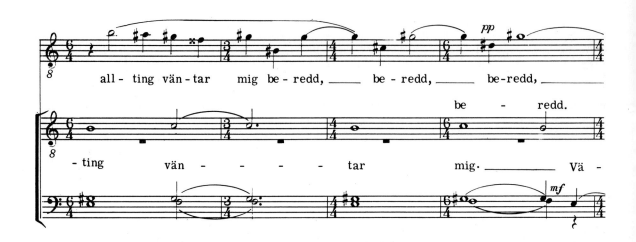

all - ting vän - tar mig be - redd, ___ be - redd, ___ be-redd, ___

be - redd.

- ting vän - - - tar mig. ___ Vä -

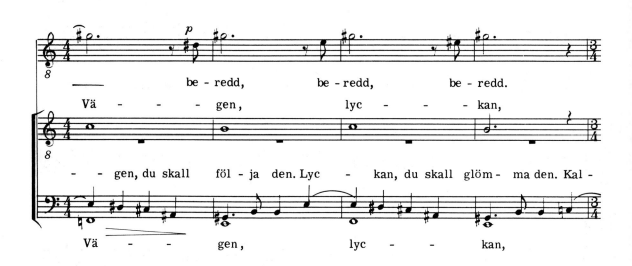

be - redd, be - redd, be - redd.

Vä - - - gen, lyc - - kan,

- - gen, du skall föl - ja den. Lyc - kan, du skall glöm - ma den. Kal -

Vä - - gen, lyc - - kan,

Sva -

kal - - ken, smär - tan,

- ken, kal - ken, du skall töm-ma den. Smär - tan, du skall döl - ja den.

kal - - - - - ken, smär - tan.

9

- ret, sva - ret, du skall lä - ra det, slu - tet, du skall bä - ra det.

Sva - ret, sva - - - - ret, slu - - tet.
Sva - - - - ret, slu - - tet.

Sva - - - ret, slu - - tet.

Sostenuto (♩ =c. 66)

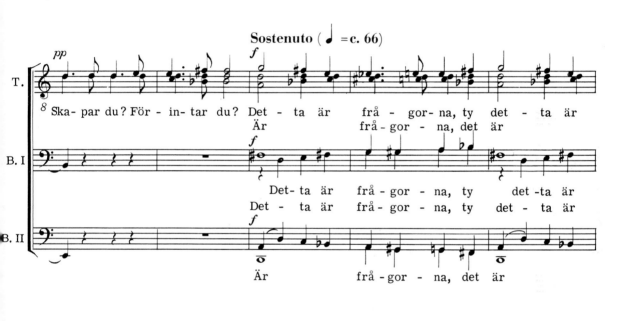

Ska - par du? För - in - tar du? Det - ta är frå - gor - na, ty det - ta är
Är frå - gor - na, det är

Det - ta är frå - gor - na, ty det - ta är
Det - ta är frå - gor - na, ty det - ta är

Är frå - gor - na, det är

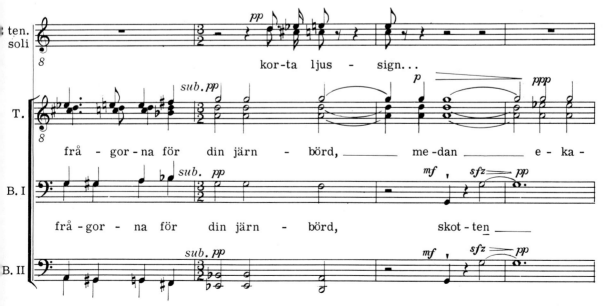

kor - ta ljus - sign...

frå - gor - na för din järn - börd, _____ me - dan _____ e - ka -

frå - gor - na för din järn - börd, skot - ten _____

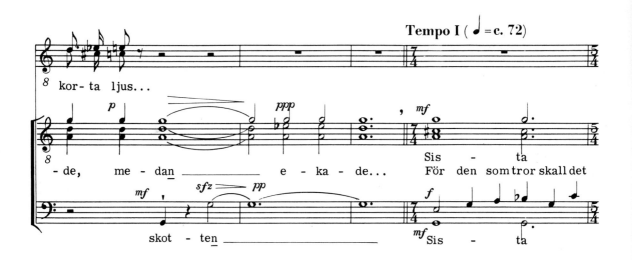

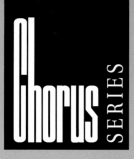

Chorus SERIES

Unless otherwise mentioned,
all works are for mixed choir
a cappella

ISMN M-042-05913
ISBN 951-757-648
KL 78.341

Warner/Chappell Music Finland O
A Warner Music Group Company